AF234270

DIJON
sens dessus dessous

Revue locale de l'année en 2 actes et 6 tableaux

de J. PROVOST

Musique nouvelle arrangée par M. ROUZAUT

DÉCORS NOUVEAUX DE M. E. CHEVALIER

COSTUMES DE LA MAISON COPPIN

Accessoires de Sarah

ARTIFICES DE LA MAISON BERNARD

PERRUQUES, TÊTES ET POSTICHES DE RIDOLPHE

MISE · EN · SCÈNE · DE · L'AUTEUR

Représentée pour la première fois le 28 novembre 1894

PRIX : **20** CENTIMES

DIJON
IMPRIMERIE E. CHESNAY, 21, BOULEVARD CARNOT
1894

MAISON CRÉMIEUX

TAILLEUR - CHEMISIER

35 Maisons de Vente

LIVRAISON SUR MESURE

en 24 heures

1 et 3, Place Notre-Dame

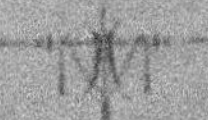 DIJON

DIJON SENS DESSUS DESSOUS

PREMIER ACTE

Chœur d'entrée

AIR : *La grosse caisse.*

Dans tous les coins de notre belle ville,
    Les meilleurs des agents
    Actifs intelligents
Cherch'nt un compère, Auguste ou bien Emile
    Voir même Stanislas ;
    Depuis deux heures, hélas !
    Là-bas comme ici
    Nous fouillons tout l' pays.
      Que de bile ! *(bis)*
    Nul n'a jamais vu
    Le compér' disparu ;
Nous avons beau l' chercher,
Pas méch' de l' dénicher.
De la gar' jusqu'à l'hôpital
On a beau fair', nom d'un chacal,
Pas plus de compère c'est navrant
Que de rosières rue Louis Blanc,
    C'est épatant.

Rondeau de l'Alcazar

Chanté par M⁰ˢ MICHELINA

AIR : *Les Saint-Cyriens.*

Dans notre joyeuse ville,
    Qui n' connait pas :
Ouvrier, Bourgeois, famille,
    Ce minois-là !
On trouve chez moi le rire,
    Un gai public,
Tout ce qu'à boire on désire
    C'est rempli d' chic.
Cousin Germain du Théâtre,
    Mon seul dada,
C'est d'être un concert folâtre,
    Rempli d'appas,
A son public toujours plaire
    Voilà, voilà,
De l'Alcazar sans mystère,
    Le plan, oui da.

Oui, le roi de l'Hiver de vos longues soirées,
Eespoir jamais déçu des gorges altérées,
C'est bien moi, chers amis, mon théâtre-concert
Où défilent sans trêve et chansons et romances,
Où se succèdent clowns, acrobates et danses,
Sans relâche jamais chaque soir est ouvert,
Sur la brèche toujours pendant les soirs d'hiver
Chez moi, foin du chagrin, la tristesse se perd.
De gais refrains qui charment la vieillesse,
Des mots joyeux vous mettant en liesse
Et des chansons, souvenirs de jeunesse,
Ma devise est: « Encore et toujours du nouveau. »
Tout en cherchant à plaire aux joyeux drilles,
Je veux aussi, contentant les familles,
Qu' la mère ici puisse amener ses filles,
Car c'est pour tous enfin que flotte mon drapeau.

(Au refrain.)

Couplet du départ

Chanté par Mlle MICHELINA

AIR : *La boiteuse.*

Allons en route sur le champ,
Vit' préparez-vous promptement.
Pour charmer notre gai public,
Ayez du galbe, ayez du chic,
Qu'on dise en vous voyant, cré nom,
Les joli's jamb's, les jolis bras,
Et les affriolants appas ;
Car pour le vrai à nous l' pompon.

REFRAIN

Vite, partez y n' faut plus qu'on babille
Et sans plus tarder il faut qu'on s'habille
Vous reviendrez tous dans quelques instants.
Sans perdre de temps, filez, filez, filez,
Allez préparer vos vêtements,
Partez, partez, partez ;
Faut aller remplir votr' maillot,
Et pour ça, vous avez c' qu'il faut,
Oui, tout c' qu'il faut.

Couplets des cocottes

Chantés par MM^{lles} LAFAILLE et Marcelle ANDRÉE

Air : *A, e, i, o, u.*

1er COUPLET

Nous avons quitté l' pays,
    A, e, i,
Pour travailler l'Étranger,
    A, i, e,
Nous nous figurions comm' ça,
    E, i, a,
En f'sant l' commerce de bécots,
    E, i, o,
Amasser beaucoup d'écus,
    A, e, i, o, u.

2e COUPLET

Mais ça n'a pas réussi,
    A, e, i,
Nous nous somm's fait arranger,
    A, i, e,
De l' cou ça nous servira,
    E, i, a,
C'est pas toujours rigolo,
    E, i, o,
De fair' trafic de vertu,
    A, e, i, o, u.

Couplets du Bal

Chantés par MM. CHEVALIER, HIGONENC
Et Mᵐᵉ LAFAILLE

Air : *J' l'ai gagné.*

1ᵉʳ COUPLET

Quand vient la fin des vacances
Et que l'hiver apparaît,
En avant les jeux, les danses,
On s' dégourdit le jarret,
Tous au bal, avec aisance,
Dans ce délicieux séjour,
On rit, l'on saute en cadence,
Et l'on soupe jusqu'au jour.

REFRAIN

Notr' d' vise la v' là,
Tra la deridera
Faut qu'on s'amuse,
Le bonheur est là
Tra la deridera,
La gaieté oui da.
Voilà notr' muse,
Dans cet établissement,
On rigol' tout l' temps.

2ᵐᵉ COUPLET

Les cocottes

Vous êtes de joyeux drilles,
Vous paraissez de bons coqs,
Allons danser des quadrilles,
Souper et boire des bocks,
Par les vins qu'on décachette,
Grisés au petit matin,
Nous filerons en cachette,
Au beau milieu du potin.   (Au refrain.)

La complainte des Carriers

Chantée par MM. STAING, RIDOLPHE, SILVINS et SINRAH

1ᵉʳ COUPLET

Ecoutez l'horrible histoire,
A Comblanchien ça se passa,
Tous les carriers nom de d' la,
Tremblez le fait est notoire,
Se soûl' vant contr' les patrons,
Flanquèrent tous leur démission,

2ᵐᵉ COUPLET

Les Maitres carriers pas bête,
Pour ne pas sortir leur argent,
Installaient des restaurants,
Pour ramasser la galette,
D'l'ouvrier qui mangeait tout,
Et n' leur coûtait plus rien du tout,

3ᵐᵉ COUPLET

Mais v' la que surgit la grève,
Alors les patrons nom d'un chien,
Embauchèr' ent des Italiens,
Mais hélas ! ce fut un rêve
L' carrier français s' révolta,
Et passa les autres à tabac,

4ᵐᵉ COUPLET

La moral' de cette affaire,
Je vais vous la dire en deux mots,
L' français à beau crier haut,
T' nir des propos incendiaires,
On lui chauff' ses monacos,
C'est toujours kif kif bourico.

Couplet du Tram électrique

Chanté par M. CHEVALIER

AIR : *Joséphine elle est malade.*

Plaignez amis notre guignon,
Tous nous chantions déjà fortune,
En vue de l'inauguration,
De c' tramway mais qu'elle infortune
Comm' sœur Anne nous attendons,
Le départ de c' tram électrique,
On l'annonc' chaqu' jour mais bernique,
Qui sait hélas quand nous l'aurons.

REFRAIN

L'Electrique il est malade
Ah plaignez ce triste sort,
Il est dans la limonade,
Ce r' tard lui fera du tort.

Au Bon Génie Dijonnais

19 & 21, Place Saint-Jean, 19 & 21

10 Succursales dans la région

✦ UN BIENFAIT ✦

Le Crédit Populaire

Toute personne pouvant justifier de sa stabilité et de son travail, trouvera dans nos immenses Halls un choix incomparable de toutes sortes de Marchandises vendues a Crédit aux conditions ci-dessous, meilleur marché que dans n'importe qu'elle maison vendant au comptant.

20 Francs de Marchandises pour	**2** fr. de suite le reste	**1** fr. par semaine.			
50	id.	id.	5 id.	2	id.
100	id.	id.	20 id.	2	id.
150	id.	id.	30 id.	3	id.
200	id.	id.	50 id.	4	id.

NOTA. — Sur demande un employé se rendra à domicile avec la collection.

Couplets de la Buraliste

Chantés par Mme JOHANA

1er COUPLET

Depuis assez longtemps
Les homm' rend'nt des jug'ments
Sans notre consent'ment.
A notre tour maint'nant.

REFRAIN

Oui, nous voulons plaider,
Parler d'vant les jurés,
Défendr' les accusés,
Acquitter, condamner,
Conclure et transiger,
Les procès fair' traîner,
Selon les règles du métier.

2e COUPLET

Est-ce que parmi vous
On en trouve beaucoup
Qui, tout autant que nous
Possèdent du bagout ?

Refrain

Je connais Justinien,
Les œuvres de Calvin,
Celles de Saint-Augustin,
De Parny, l'Arétin,
Les Juristes romains,
L'Empereur Constantin
Tous les auteurs grecs et latins.

3e COUPLET

Viv' la Femm' Député.
Avant peu c'est pesé,
Faudra capituler,
Sachez que c'est décidé.

Refrain

Vous avez déjà
La fameuse Léda,
La Juive Déborah,
La Reine Victoria,
La célèbre Sarah ;
Il vous faut avec ça
La Femme-Député. Oui da !

Couplets de la politique

Chantés par M⠸ˡˡᵉ MICHELINA

1ᵉʳ COUPLET

Quand on est intelligent
Et de plus un peu pratique   *(bis)*
Soit Monarchie, République,
Sans être bien transcendant
On peut dans la politique
Réussir en peu de temps.   *(bis)*

2ᵉ COUPLET

On exploite adroitement
Un malheur ! c'est authentique   *(bis)*
On remue c'est véridique
De l'Electeur l'sentiment
Et comme homme politique
On se révèl' brusquement   *(bis)*

3ᵉ COUPLET

Un siég' quelconque vacant
On fait appel à sa clique   *(bis)*
Chacun se r' mue chacun s' pique
De fair' passer son client.
Et bientôt la politique
Compte un nouvel adhérent   *(bis)*

4ᵉ COUPLET

Un' fois élu changement
On redevient très pratique   *(bis)*
On dédaign' la République
L' Comité, les engag' ments
On s' fich' de la politique
Et l'on gagn' beaucoup d'argent   *(bis)*

Chœur de la Presse

Chantés par MM^{mes} ROGER, CLAIRIA, LAFAILLE
LEYDA, FEYBAU

Air : *Les colporteurs-Roi carotte*

chœur

Nous sommes les porteurs de nouvelles,
Nous avons une grande clientèle
Et chaque jour pour la satisfaire,
En quatre l'on se met pour lui plaire.

Le Petit Bourguignon

L' Bourguignon
Franc luron
Très pratique
Politique.

Le Bourguignon salé

Moi l' salé
Très pressé
Pour la bêche
Me dépêche.

Le Bien Public

L' Bien Public
Et son stick
Point n' badine
Et fulmine.

Le Progrès

Moi l' Progrès
Toujours prêt
Sans épate
Rien ne rate

Le Petit Journal

L' P'tit Journal
Dans son Hall
Emerveille
Par ses nouvelles sans pareilles
On accourt
Sans détour
Dress' l'oreille
Jeunes, vieux
Amoureux
Curieux
Anxieux.

(Reprise du chœur.)

Couplets des Journeaux

Chantés par Mmes ROGER, CLAIRIA, LAFAILLE
LEYDA, FEYBAU

Air nouveau

Le Petit Bourguignon

Moi j' suis pour la République
Telle est Messieurs l'opinion
En matière politique
Du bon Petit Bourguignon.
Je ne suis pas polémiste
Mais quoique très bon garçon
J'envoi s' baigner les fumistes,
Au Bain ou à *Besançon*.

Le Bourguignon Salé

Attention l' Bourguignon rouge
Et remue avec fierté
Son polisson bonnet rouge
Emblème de liberté
On nous trait' de rien qui vaille
Mais l' *col haut*, moi je le dis
Vive la botte de paille
Lit des gueux, fleur des taudis.

Le Bien Public

L' Bien Public gazette sage
Je suis l' journal des ralliés
Point de bruit, point de tapage
Chez moi Messieurs pénétrez
Nous gardons nos espérances
Politiciens escobards
Quand nous gouvern' rons la France
Croyez qu'nous n' s' rons pas *jobards*.

Le Progrès de la Côte-d'Or

Démocrat s' fiers et sans craintes
Du Progrès les abonnés
Entre eux forment une arche sainte
Comm' celle du vieux Noé
Mais pour défendr' leur idée
Soyez certain nom de d' la
Que d' la ville à la *vallée*
On trouverait *Noé là*.

Le Petit Journal

Hop la hop qu'on se dépêche
Vive le Petit Journal
Plus d'un confrère me bêche
Disant qu' je n' suis pas local
Mon pays moi c'est la France
Et partout je suis fêté
Je donne à tous l'espérance
La joie, la félicité.

Couplet du Vélodrome

Chanté par Mme Marcelle ANDRÉE

Air : *Derrière l'omnibus.*

Vive vive le Vélodrome
Oui Mesdames car grâce à lui
Vous pourrez, donnez lui la pomme
Suivre partout vos gueux d' maris
C'est l' siècle de la Bicyclette
Bientôt tout l' monde y montera
Soldats, bonn' d'enfants, grisette
Partout on ne verra qu' ça

RefRAIN

Les dames mariées feront comme ça
Tra la la la
Les Homm' s par derrièr' feront ça
Tra la la
Les enfants les suivront comm' ça
Tra la la

Manufacture de Bicyclettes

ATELIERS

Rue Louis BLANC

Clos Bizot

MAGASINS

de Vente

ET BUREAUX

Place

DES CORDELIERS

DIJON

AGENCE GÉNÉRALE

de la Société

des Vélocipèdes

CLÉMENT

SOCIÉTÉ

En Commandite

AU CAPITAL DE

4.000.000 de Fr.

B^{tés} HUMBER

De Beeston

Couplet du Chalet pour Dames

Chanté par Mme CLAIRIA

Air : *Galant avec les Dames.*

Admirez la rotondité
Du Chalet de nécessité
Tout de neuf battant
J' dis a tout venant
Vous pouvez entrer
Pour vous soulager
J'ai des caves de grande ampleur
Pour y renfermer vos douleurs
Je suis d' l' humanité
Qui se trouve dans la souffrance
L'ami recherché
Vous voyez bien mon importance
Je suis très discret
Car si je voulais
Dire vos rondeurs
L'état de vos cœurs
J'aurais toute facilité
Mais je n' veux pas en abuser
Oui les plus pudibonds
Se découvrent je le proclame
Jamais j' en réponds
Je n'ai vu la figure aux dames.

Rondeau du Progrès

Chanté par Mlle JOANNA

Par le travail par le génie,
Pour les humains depuis cent ans,
Que de progrès dans l'industrie,
Et que de succès éclatants
Notre siècle venait de naître
Lorsque l'on vit avec stupeur,
Sur la mer, un jour apparaître,
Le premier navire à vapeur.
Depuis quelle gamme ascendante,
Des flots sondant les profondeurs,
Le fier cuirassé s'épouvante,
De l'audace des torpilleurs.
En avant, telle est la devise,
Et par des travaux de géants,
A travers l'isthme que l'on brise
On réunit les océans !
Sur terre même labeur immense,
Pour trouver de nouveaux chemins,
En perçant les monts, on avance,
On fait des tunnels sous-marins.

Au milieu des glaces du pôle,
Du monde cherchant le secret,
Cent audacieux à tour de rôle,
Sont ensevelis à jamais.
Une route de fer sillonne,
Jusqu'au plus aride désert,
Et télégraphe et téléphone,
Ont partout leurs bureaux ouverts,
On a supprimé la distance,
La Chine est un pays voisin,
Le Tonkin est presque la France,
Paris est moins loin de Berlin.
Siècle amoureux de la lumière,
Le gaz, dont la chaude clarté,
Brisa jadis le réverbère,
Fait place à l'électricité,
Puis de savants, toute une page
Pleine des plus illustres noms,
Pasteur qui terrasse la rage,
Renard dirigeant les ballons.
Mais c'est surtout pour se détruire,
Qu'on cherche les inventions,
Tous les peuples, c'est triste à dire,
Ont des Turpins à profusion,
Pauvres fous, puisque chaque guerre,
Sème ruine et pauvreté,
Inscrivez sur votre bannière,
Paix, travail et fraternité !

DEUXIÈME ACTE

Chœur des Spectateurs

Chanté par MM. HIGONENC et STAING
M. Mmes CLAIRIX et FEYBAU

AIR: *Kermesse de Faust.*

D'un air folâtre
Filons Filons
Tous au théâtre
C'est la saison
Mais si l'on pêche
Gare au chambard
Car pour la bêche
Somm's pas en r'tard

Le M de programmes

Chanté par M. SINRAH

J'donne le programme
A tous gratis
Par la réclamme
Cadédis
Je trouv' mon compte
Sur mon honneur
Jamais d'mécompte
Pour le distributeur

Les M de contremarques

Chanté par MM. HIGONENC et SILVINS

Chands d'contremarques
Nous vendons
Aux gens de marques
Nos coupons.
Quand un agent
Fait subit'ment
Apparition
Nous décampons.

Les Artistes

Chanté par MM. STAING et SINRAH
M. Mmes LAFAITTE et ANDRÉE

Nous nous sommes les comédiens
D'la belle cité Dijonnaise
Le public nous trouve très bien
Et cela nous met à notr'aise
Pour entendre un bel Opéra
Une excellente comédie
Ténor, basse ou prima Dona
Tout c'la chez nous est à l'envie.

Rondeau du Chien

Chanté par Mme MICHELINA

De tous les temps, le chien fut un modèle,
Chacun l'imite et s'en trouve fort bien,
En tous pays, la femme la plus belle,
Tient avant tout à posséder du chien.

Le mot s'emploie en toute circonstance ;
L'avare est chien ! On jure : nom d'un chien !
Quel chien de temps !... ou bien : chien de faïence !
Le pistolet, même a besoin d'un chien !

Quand Roméo, trompé par sa maitresse,
De son amour veut briser les liens.
Il ne dit plus : Mon chien ! mais bien : Traitresse
Fini nous deux, il faut rompre les chiens !

C'est pour un chien, son compagnon fidèle,
Que l' grand St-Roch est chaque jour cité,
Et c'est le chien du sieur Jean de Nivelle
Qui l'a conduit à la postérité.

Lorsqu'il rendit Abeilard si malade,
Le vieux Fulbert s'est sans doute inspiré
Du souvenir du chien d'Alcibiade,
Dont l'appendice était oblitéré.

Si Cupidon le touche de son aile
Et le transporte aux séjours aériens,
Quel est celui qui, près de sa donzelle,
Voudrait jamais donner sa part aux chiens ?
 (Reprise) De tous les temps, etc.

Nos célébrités en goguette

Couplets chantés par CHEVALIER, STAING, SILVINS,
HIGONNEC, RIDOLPHE.

1er COUPLET

Moi je suis Monsieur Rameau,
Quès aco
Je suis natif de Dijon
Té mon bon
J'étais un bon musicien
C'est très bien
J'ai fait de beaux opéras
On sait ça

2me COUPLET

Je suis le grand Saint-Bernard
Le veinard,
Je poursuivis Abeilard,
Le pendard,
La croisade j'ai prêché
Sans péché
J' fis Clairveaux pour fourrer d' dans
D'Orléans

3me COUPLET

François Rude c'est mon nom
Joli nom
Je suis un très grand sculpteur
T'as pas peur
Bref pour m'immortaliser
C'est toisé
En bronze l'on m'a coulé
C'est baclé

4me COUPLET

Moi l'on me nomme Piron
Quel luron,
Poëte des plus fécond
Pas gascon
On me dit très folichon
Polisson
On trouve mes vers fort beau
Mon salaud

5me COUPLET

Je suis l'ingénieur Darcy,
Tu l'as dit
Renommé par mes travaux,
Qui sont beaux
Pour l'hygiène je travaillais,
C'est parfait,
Mon bust' comm' dit l'abricot,
Cach' bonne eau.

ENSEMBLE

On nous à fait c'est parfait,
Notr' portrait
Car nous sommes les favoris
Du pays
On nous a planté dehors,
C'est très fort
Pour ne pas nous mettr' dedans,
C'est charmant

SUC
BOURGUIGNON
EXQUIS DIGESTIF
A L'ALCOL PUR VIN
SIMON AINÉ
Chalon-sur-Saône

GRANDE PHARMACIE NOUVELLE
22, RUE DE LA LIBERTÉ, DIJON

BOROGLYCINE
Toilette intime des Dames, santé des organes
le flacon.. 1 fr. 75

MAISON CRÉMIEUX, Vêtements deuil ou cérémonie
Redingotes, Gilets et Pantalons drap Sedan, livrés
sur mesure en **12** heures, depuis **65** francs.

Couplets du Chateau gendarme

Chantés par Mme JOHANA

AIR : *Saint-Lazare*

Hélas ! s'en est fait tu n'es plus
Chateau gendarme
Et ton toit n'abritera plus
Nos hommes d'armes
Ton glorieux passé pour nous,
Avait du charme,
Car les vieux te vénéraient tous,
Chateau gendarme

2me COUPLET

Tu naquis au bon temps des rois,
En quinz'cent treize,
Tu vis leur chute aux sons je crois
D'la Marseillaise
Tu pensais, avant supporté
Chaudes alarmes,
Pouvoir finir en liberté
Chateau gendarme

3me COUPLET

Quand le pays fut envahi
L'humeur guerrière,
Contre les Suiss's tu combattis
Et l'âme fière,
Tu repoussas leur invasion
Prenant les armes
Tu sus défendre tes bastions
Chateau gendarme

4ᵉ COUPLET

Mais va, tu seras regretté
De par la ville,
Car, rien ne saurait t'effacer
Va, sois tranquille,
Dans mon regard déjà voilé
Par une larme,
Ton souvenir reste gravé,
Chateau gendarme.

Couplet du pétomane

Chanté par M. STAING

J'ai des gaz plein mon ventre,
Ils sont très parfumés,   (bis)
Ah! Ah!
Quand quelque chose y rentre,
Ça sort de l'autr' côté,   (bis)
Ah! Ah!
Aussitôt qu'ils me gênent,
J'essaye d'les fair' sortir,
Les voila qui s'amènent
Ça fait toujours plaisir.   (ter)
Ah! Ah!

Motif de valse chantée, de Manon

Par Mⁱˡᵉ LEYDA

A nous les amours et les roses
Aimer, chanter, sont douces choses.
Qui sait si nous vivrons demains?
Qui sait si nous vivrons demain?
Demain? Demain? Demain?
A nous les amours et les roses!

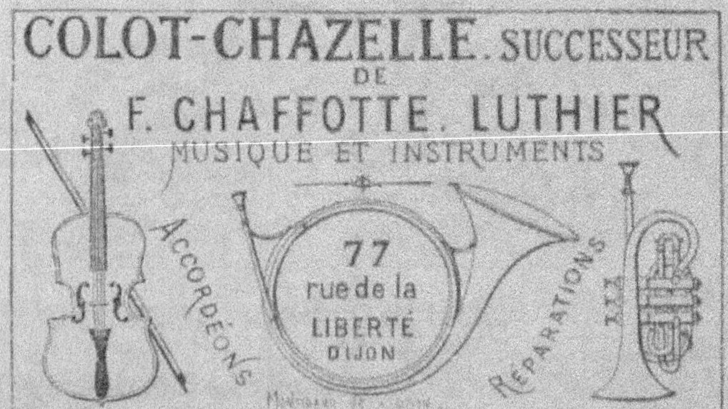

Couplets de Trinquart et Trinquet

(Des 28 Jours de Clairette)

Chantés par MM. STAING et HIGONENC

I

TRINQUART

Nous sommes de très joyeux drilles,
La joie, l'bonheur des spectateurs.

TRINQUET

Et grâce à nos deux bonnes billes,
Somm's la fortun' des directeurs.

TRINQUART

Je vous le dis sans forfant'rie,
Mais de Dijon jusqu'au Tonkin,

TRINQUET

Rien ne vaut la cavalerie
Pour vous pousser ce gai refrain.   (*bis*)

REFRAIN

Quarant'-trois kilomètr's sans boire   (*ter*)
Les réservistes (*bis*) ils n'pourront pas s'contenter d'ça.
Si Trinquart n'a plus beaucoup d'braise,   (*ter*)
C'est pas Trinquet (*bis*) ni son cheval qui s'en pass'ra.
Ah ! mon Dieu ! qu'on est mal à son aise
Quand a perdu toute sa braise,
Pour un cavalier qu'a pas d'argent,
Faut pas s'amuser quand marche le régiment.

II

TRINQUART

Il ne faut pas qu'ça vous épate,
Je vous le dis en vérité ;

TRINQUET

Mais pour désopiler la rate,
C'est nous qu'a la supériorité.

TRINQUART

On peut chanter la *Favorite*,
Guillaume-Tell ou *Lohengrin*,

TRINQUET

Tant pis, si cela vous irrite,
Rien ne vaut ce joyeux refrain. (*bis*)

(Au refrain).

III

TRINQUART

De toutes les pièc's de théatre,
Bien qué l'opéra soit vanté,

TRINQUET

Pour les gens à l'humeur folâtre
Notre genre est le plus goûté.

TRINQUART

On rigole avec l'opérette
Avec le drame on vers' des pleurs ;

TRINQUET

Avec nous s'emplit la cassette
Le public nous comble d'faveurs.

(Au refrain)

Couplet de l'Alcasar

Chanté par M. STAING

AIR : *Belleville-Ménilmontant.*

I

Pour se pousser d'l'agrément
Je connais un endroit charmant
Ousqu'on peut sans s'faire de bile
        Dans c'tte Ville,
Entendre une chansonnette,
Puis am'ner, foi de Balandard,
Sa petite gigolette
        C'est à l'Alcazar,
        Vive l'Alcazar!

II

C'est un endroit très rupin
On peut y venir en sapin,
En blouse, en pal'tot jonquille,
        En famille !
On peut même y fair' des levages
Car y a d'tout, c'est rigolard,
Y a mêm' des filles encor' sages
        A notre Alcazar,
        Viv' l'Alcazar !

III

Ousqu'est des artistes, la fleur,
Des Danm's qu'ont la bouche en cœur.
Où donc qu' c'est qu'on jubile
        Foi d'Emile,
Où donc c'est que l'on est folâtre,
Où c' qu'on support' le chambard,
Ousqu'on est mieux qu'au théâtre
        C'est à l'Alcazar,
        Vive l'Alcazar !

Couplet Final

Chanté par Mme JOHANA

AIR: *Le père Lavictoire*

Debout et la main dans la main
La France et la Russie
Par la douleur unies
Ouvriers, soldats et marins
Dominant leur chagrin
Ensemble se lèverout soudain
L'épée au poing et l'oriflamme au vent
Nous garderons l'espérance
Que fit naître ce fils de France
Puis en suivant
De notre allié puissant
L'exemple, mes amis
Nous braverons nos ennemis
Plan ran tan plan plan
Les heureux temps
R' viendront Enfants

REFRAIN

Vous qui pleurez là-bas
Sur les maux de votre patrie
Ah ! ne désespérez pas
Nos cœurs s'ouvrent à la Russie,
Ne pleurez plus,
Que nos bras tendus
Nous relèvent c'est la victoire
Nos beaux jours de gloire
Vont revenir,
Frères c'est l'avenir.